# ÉTUDE GÉNÉRALE

## SUR

# LE LAIT

## DE SA CONSERVATION ET DE SA STÉRILISATION

PAR

### M. L. LINGRAND

PHARMACIEN DE 1re CLASSE DE LA FACULTÉ DE PARIS
MEMBRE DE LA SOCIÉTÉ DES CHIMISTES DE FRANCE
MEMBRE FONDATEUR DE LA SOCIÉTÉ D'HYGIÈNE DE L'ENFANCE

---

Communication faite à la « Société d'Hygiène de l'Enfance »

*Bulletin Mensuel* (Nos de mars et avril 1896)

BEAUVAIS

IMPRIMERIE PROFESSIONNELLE
4, rue Nicolas-Godin

1896

# ÉTUDE GÉNÉRALE
## sur
# LE LAIT
## DE SA CONSERVATION ET DE SA STÉRILISATION

PAR

## M. L. LINGRAND

PHARMACIEN DE 1ʳᵉ CLASSE DE LA FACULTÉ DE PARIS
MEMBRE DE LA SOCIÉTÉ DES CHIMISTES DE FRANCE
MEMBRE FONDATEUR DE LA SOCIÉTÉ D'HYGIÈNE DE L'ENFANCE

---

Communication faite à la « Société d'Hygiène de l'Enfance ».

*Bulletin Mensuel* (Nᵒˢ de mars et avril 1896).

BEAUVAIS
IMPRIMERIE PROFESSIONNELLE
4, rue Nicolas-Godin

1896

# ÉTUDE GÉNÉRALE

sur

# LE LAIT

## DE SA CONSERVATION & DE SA STÉRILISATION

PAR

### M. L. LINGRAND

PHARMACIEN DE 1re CLASSE DE LA FACULTÉ DE PARIS
MEMBRE DE LA SOCIÉTÉ DES CHIMISTES DE FRANCE
MEMBRE FONDATEUR DE LA SOCIÉTÉ D'HYGIÈNE DE L'ENFANCE

---

Que n'a-t-on pas dit sur le lait, sur cet aliment exceptionnel guérissant depuis quelques années tous les maux et servant de panacée universelle ! Il est vrai, cependant, que depuis les découvertes immortelles de Pasteur sur les fermentations, sur les bactéries du charbon, le virus de la rage et les maladies épidémiques, l'on a rencontré dans le lait, comme dans tout liquide, des quantités innombrables d'infusoires, d'animalcules, d'entozoaires, de bacilles, de microorganismes, de bactéries, de spores, d'algues, de parasites, etc., etc. Aussi se trouve-t-on fort embarrassé pour savoir de quelle manière on devra le prendre : les uns disent à l'état *frais*, les autres *bouilli*, *pasteurisé* d'après les méthodes de Budin, Soxhlet, etc., *surchauffé* ou *stérilisé*, *maternisé*, *conserve sous pression par l'acide carbonique*, etc.

A notre avis, Messieurs, pas un seul de ces laits n'est parfait; nous allons donc rechercher les avantages et les inconvénients de chacun d'eux. Nous terminerons en exprimant notre préférence dans ce dédale et mettrons en parallèle les laits venant de la campagne et ceux des nourrisseurs de Paris.

# 1° LAIT FRAIS

## Quelle est sa composition ? (1)

### I. — Caractères généraux du Lait normal :

CARACTÈRES PHYSIQUES
{ Le lait est blanc, légèrement jaunâtre, opaque et *homogène*, souvent alcalin, parfois neutre ou acide, toujours acide à l'émission, ce qui est dû à l'acide carbonique qu'il contient, mais ce gaz est fugace. Inodore à froid, odeur spéciale lorsqu'il vient d'être trait ou lorsqu'on le chauffe; saveur douce et sucrée, légèrement salée.
Densité à + 15° de 1030 à 1035.
Moyenne 1033. }

---

(1) NOTA. — Il est bien entendu que nous ne donnons ici que la composition moyenne et *normale* du lait, composition qui peut varier à l'infini suivant l'heure de la journée, la saison, l'alimentation, la boisson, l'hygiène, l'état physiologique ou pathologique, la race de la vache; ainsi si nous ne parlons que du beurre, la race Jerseyenne nous donnera 61 o/oo, la Normande 51, la Suisse 46, la Charolaise et la Bretonne 57, la Morvandelle 36, etc., mais tel n'est pas le sujet de notre travail.

## II. — Composition chimique :

(Les données suivantes sont pour 1 litre de lait)

Gaz dissous (O et $CO^2$) 215 c. c.

| | | |
|---|---|---|
| **COMPOSÉS ORGANIQUES** | *Matière sucrée* ou hydrates de carbone : (Sucre de lait ou Lactose.) | 59 gr. |
| | *Matières grasses* ou beurre, composée de Butyrine, Caprine, Caproïne, Myristicine, Palmitine, Oléine, Margarine, Stéarine et Lécithine ou matière grasse phosphorée. | 40 gr. |
| | *Matières azotées.* Caséine et Albumine. | 35 gr. 50 |
| | *Urée et Cholestérine.* | Traces |
| **COMPOSÉS INORGANIQUES** | Chlorure de Sodium et Chlorures alcalino-terreux. | 2 gr. 90 |
| | Phosphates de chaux, de magnésie et de fer. | 2 gr. 80 |
| | Autres sels : Lactates, Fluorure de calcium, Silicates, etc. | 0 gr. 31 |
| | Total des sels : | 6 gr. 43 |

Le lait, lorsqu'il sort du pis d'une vache saine, est certainement l'aliment par excellence, il repose l'estomac puisqu'il n'en exige aucun travail mécanique, physique ou chimique ; en effet, les matières azotées, type albumine, ne peuvent être digérées que par la double action : 1° *chimique* de l'acide chlorhydrique qui les transforme d'abord en *Syntonines* ; 2° *physiologique* de la pepsine qui reprend ces syntonines pour les transformer en *Peptones* dialysables, pouvant alors être entraînées dans le foie par la veine-porte, et là y être assimilées pour passer ensuite dans le torrent circulatoire. Or, chez l'enfant il n'existe pas d'acide chlorhydrique et de fait il n'y a pas d'utilité qu'il y en ait, puisque toute (ou à peu près toute, sauf un 20$^{me}$ environ) la matière azotée ou caséine du lait est à l'état de syntonine, c'est-à-dire dans des conditions physiologiques d'attaque directe par la pepsine sans travail chimique préparatoire.

Ce que nous venons de dire explique aussi les bons résultats obtenus du régime lacté dans les formes de dyspepsies hypochlorhydriques en général et dans les dyspepsies hépatiques en particulier.

A l'émission le lait ne contient aucun germe infectieux et ne saurait être la cause ni l'agent de transmission d'aucune maladie. Malheureusement, grâce à sa réaction alcaline, le lait est un milieu de culture extrêmement favorable pour le développement et la reproduction rapide de tous les germes, microbes, champignons, etc. Le contact même de peu de durée avec l'air, le peu de précautions prises pour la traite (pis mal lavé, souillé par la litière ou même par des mains malpropres), la présence de lésions plus ou moins étendues, etc., suffisent à l'infecter.

C'est ainsi que M. Miquel après des expériences nombreuses, a reconnu que le lait, deux heures après la traite, pouvait contenir 9.000 bactéries par *centimètre cube*, 9 heures après 120.000, 25 heures après la traite 5.600.000 bactéries infectieuses ou pathogènes.

Dans une expérience où le lait, trait le soir, avait été abandonné la nuit à diverses températures, le nombre des bactéries s'éleva encore davantage :

|  | à 15° | à 25° | à 35° |
|---|---|---|---|
| Après 15 heures | 1.000.000 | 72.185.600 | 165.500.000 |
| Après 21 heures | 6.063.000 | 200.000.000 | 180.000.000 (1) |

En présence de ces chiffres fabuleux on peut admettre qu'un lait qui ne contient pas plus de 100.000 germes par centimètre cube doit être reconnu comme bon !

Sans parler des bacilles pathogènes de la tuberculose, du choléra, de la fièvre aphteuse, de la rage, du charbon, de l'entérite, du tétanos qui peuvent végéter dans le lait et des bacilles de la fièvre typhoïde, de la diphtérie, de la scarlatine qui peuvent y

(1) Nous voyons donc qu'après 21 heures la température la plus favorable pour la transformation des spores en bactéries est celle de 25°.

être introduits par l'eau qu'on y ajoute, de nombreux ferments y vivent et en accélèrent l'altération.

Cette altération est favorisée par l'élévation de température, aussi le lait s'altère-t-il plus rapidement en été qu'en hiver et pendant les temps d'orage. C'est surtout à partir de 15° que son altération commence par la transformation des spores en bacilles, la température optimum moyenne étant de 25°; tandis qu'une température inférieure à 15° est favorable à sa conservation, aussi est-il bon l'été de maintenir les vases à lait dans de l'eau bien fraîche et à la cave ; les meilleures conditions de conservation du lait étant ainsi l'abaissement à 0° de sa température et l'augmentation de la pression ambiante, car plus la pression atmosphérique est faible, comme pendant les temps orageux, plus se dégage rapidement $CO^2$ contenu dans le lait, gaz servant à empêcher le développement du *vibrio lactis*.

**État de la Caséine.** — La Caséine est dissoute grâce à la présence des alcalins avec lesquels elle forme des caséates, de la soude en particulier (*caséate de soude*). Mais les ferments, dont le principal est le *vibrio lactis*, ont pour action d'hydrater le lactose et de le décomposer en acide lactique et acide carbonique et plus tard en alcool, et par suite d'entraîner la coagulation de la caséine, les caséates étant décomposés, l'acide lactique s'emparant de la soude pour former un lactate.

**Addition du bicarbonate de soude.** — Les laitiers, pour retarder cette coagulation, plus ou moins rapide suivant la température ambiante, ajoutent au lait du bicarbonate de soude qui a pour but de saturer l'acide lactique au fur et à mesure de sa production ; il arrête aussi la prolifération des ferments végétaux, algues, champignons, etc., tandis qu'il développe le vibrio lactis, jouant ainsi un rôle opposé à celui de $CO^2$, car $NaO, CO^2$ neutralise l'excès de l'acide lactique, excès qui arrêterait lui-même le développement du vibrio. Cette addition a de nombreux inconvénients : 1° d'abord elle amène de la diarrhée en empêchant la première partie de la digestion stomacale, la syntonisation des albumines alimenteuses, cela en neutralisant les acides

(HCL et chlore amidé) du suc gastrique ; *ceci dit pour les adultes seulement* : aussi ne faut-il jamais prendre de l'eau de Vichy en mangeant, sauf pour saturer les acides tartrique, tannique, acétique, succinique, valérique, etc., en excès dans le vin, ou dans les cas rares d'hyperchlorhydrie de l'estomac.

2° Le bicarbonate de soude suractive les combustions vitales des enfants en exagérant, dans la balance de la nutrition, les phénomènes de désassimilation relativement aux phénomènes d'assimilation. En effet les échanges organiques pour s'équilibrer doivent se faire dans un milieu relativement acide, de telle façon que les aliments ingérés et transmis à la circulation par les voies porte (*féculents, sucre et albuminoïdes*) et sous clavière (*matières grasses*) ne reçoivent qu'un coefficient d'oxydation proportionnel à celui des déchets prévus et qu'ils doivent compenser. En cas de diminution de l'acidité organique ces éléments alimentaires, au lieu de s'arrêter à la forme utile à la rénovation des tissus, dépassent cette forme chimique, et, prenant immédiatement celle des déchets d'excrétion sont ainsi partiellement perdus pour l'entretien des tissus. Au contraire en cas d'augmentation de l'acide humorale (l'acidité normale pouvant être dite celle des sels acides (Phosphates acides) sans acides libres sauf $CO^2$ toujours en excès dans le torrent circulatoire), les échanges organiques se trouvant entravés au point de vue de l'oxydation des éléments alimentaires par suite tout d'abord de la diminution relative de l'oxyhémoglobine à l'hémoglobine circulatoire qui existe en pareil cas, et plus tard aussi par suite de la diminution des phénomènes d'oxydation chimique tissulaires ; on comprend que, en ce cas, les échanges de la désassimilation se trouvent toujours inférieurs à l'assimilation, conséquemment que le gain soit supérieur à la perte dans la balance de nutrition. C'est ce qui arrive chez les arthritiques, les ralentis de la nutrition, les hyperacides, les hépatiques pour les adultes ; c'est encore ce qui arrive chez les enfants que l'on peut considérer dans leur période d'accroissement comme des hyperacides, comme des hépatiques, comme des ralentis de la nutrition, en ce sens que normalement leur assimilation est toujours supérieure à leur désassimilation : phénomène physiologique pour eux ayant très probablement comme point de départ l'exagération très considérable du volume de leur foie par rapport à leur taille générale, fait dont on constate l'atténuation au fur et à mesure de leur développement physique, c'est-à-dire au fur et à mesure que l'utilité de l'hyperassimilation se fait moins sentir chez eux. (Gautrelet).

3° La conséquence la plus grave est que le bicarbonate de soude retarde bien la coagulation de la caséine, mais en même temps, par suite de son alcalinité, il favorise et exalte même le développement des microbes proprement dits, c'est-à-dire d'origine animale (ceux de la tuberculose, de la fièvre typhoïde, du choléra, etc.).

Les laitiers l'ont appelé le « *Conservateur* » parce qu'il favorise l'écoulement de leur marchandise, mais il conserve surtout les microorganismes qui peuvent ainsi pulluler à l'infini (Vinay). En outre son alcalinité détruit les acides organiques et inorganiques du suc gastrique qui, eux, tuent un certain nombre de ces microbes malfaisants, de ces germes pathogènes par une action analogue à celle de l'acide lactique administré dans le traitement du choléra. Or, tous ces microbes et les produits toxiques qu'ils secrètent excitent le système nerveux déjà très développé chez les enfants, principalement chez les nouveau-nés, dont l'estomac pêche par insuffisance d'acides, d'où diarrhée, vomissements, convulsions, etc.

**Addition d'eau.** — Lorsqu'on additionne le lait d'eau, il devient, même pour les enfants nouveau-nés (Budin), un aliment insuffisant, incomplet et indigeste, d'un goût fade et contenant un volume gazeux dont la proportion a diminué en même temps qu'a augmenté le volume d'eau ajouté. La quantité des principes azotés reste bien suffisante pour l'enfant en bas-âge, puisqu'elle se rapproche davantage de celle contenue dans le lait de femme, mais les aliments combustibles et respiratoires, telles que les matières grasses et sucrées, sont dans des proportions trop faibles pour un petit être qui perd beaucoup plus par la décalorification et la respiration que par le mouvement. Les chlorures, phosphates et sels ont également diminué.

Ce lait frelaté pourra alors amener l'amaigrissement, la consomption, l'anémie; en outre l'eau peut entraîner avec elle toutes les maladies épidémiques, par la présence des germes, parasites, œufs, spores, de la fièvre typhoïde, de la scarlatine, du choléra, etc.

**État de la matière grasse.** — Nous avons dit que la caséine reste en dissolution par suite de l'alcalinité du lait; la matière grasse, le beurre reste en suspension par suite de son extrême divisibilité; il est en émulsion composée de petites vésicules sphériques, opaques, d'un diamètre de $1/100^{me}$ à $1/1000^{me}$ de millimètre, enveloppées chacune d'une pellicule membraneuse et albuminoïde dont la présence est prouvée par ce fait que l'éther ajouté au lait ne dissout pas le beurre, à moins que l'on n'y ajoute au préalable un alcali, de la potasse par exemple, qui dissout d'abord la membrane albuminoïde. De même, lorsque la crème s'agglomère en beurre par le battage ou lorsqu'on fait fondre le beurre, il se sépare des matières albumineuses. D'autres prétendent que les globules graisseux seraient en émulsion ou suspension sans enveloppe à paroi propre, émulsion qui serait due aux carbonates alcalins, et, c'est ce qui expliquerait aussi l'instabilité, comme réactions, du liquide lait : à l'état normal, c'est-à-dire à la sortie du pis de la vache, le lait présentant la réaction acide par suite d'un excès de $CO^2$, tandis qu'au contraire il peut devenir neutre s'il y a simplement équivalence entre $CO^2$ libre et les bicarbonates existants, tandis qu'au contraire et encore la présence de bicarbonates sans $CO^2$ libre donnerait d'elle-même la réaction alcaline bien qu'en réalité le liquide ne soit pas basique puisque les bicarbonates sont de réels sels acides. Mais, jusqu'à plus amples preuves, nous donnons la préférence à notre $1^{re}$ théorie qui explique mieux un plus grand nombre de faits et que nous trouvons bien plus vraisemblable.

C'est grâce à cette extrême divisibilité de la matière grasse que le lait est parfaitement digéré, et nous verrons tout-à-l'heure quelle est l'importance de cet état pour apprécier la valeur d'un lait stérilisé ou soi-disant tel.

**Gaz dissous..** — Un autre élément fort important est la présence des gaz dissous en proportion assez grande pour stimuler la muqueuse stomacale et par suite activer et faciliter l'assimilation.

Enfin le lait froid est inodore, mais, légèrement chauffé, il exhale une odeur *sui generis* révélant la présence d'essences, d'aldéhydes qui, eux aussi, sensibilisent les glandes gastriques et sont par conséquent de la plus grande importance.

De tout ceci il résulte que le lait frais, obtenu dans de bonnes conditions hygiéniques et absorbé avant qu'un contact prolongé avec les agents extérieurs et atmosphériques ne l'aient contaminé, est le meilleur des aliments pour l'enfant. La proportion établie entre ses divers éléments constitutifs, la présence des gaz et des essences diverses, l'extrême divisibilité de la matière grasse assurent sa digestibilité parfaite.

Malheureusement nous avons vu aussi combien est difficile sa conservation, avec quelle facilité il devient non plus un aliment mais le véhicule de toutes les maladies. C'est pourquoi de tout temps les hygiénistes ont recherché les moyens soit de conserver le lait indéfiniment, soit tout au moins de retarder son altération. Ce sont les différents procédés mis en avant aujourd'hui que nous allons maintenant étudier.

L'opinion générale est que la chaleur appliquée de diverses manières peut seule immuniser le lait et en assurer la conservation. Nous étudierons trois procédés auxquels se rattachent tous les autres :

*L'ébullition ou la chauffe simple à l'air libre.*

*Pasteurisation par l'emploi des appareils Budin, Soxhlet etc.*, qui exposent le lait pendant 30 à 45 minutes à la chaleur du bain-marie (90 à 99° environ).

Enfin *la Stérilisation commerciale des laits à une température variant de 110 à 120°*. Nous étudierons également *le Lait maternisé, le Lait sous pression par l'acide carbonique*, et en dernier lieu *le Lait des Nourrisseurs de Paris*.

## 2° LAIT CHAUFFÉ OU BOUILLI

Lorsque le lait est de bonne qualité, une petite élévation de température, 30° environ, le rend plus digestif, exalte sa saveur et son odeur. Lorsque la température s'élève à 75° la saveur est changée, les principes aromatiques disparaissent, *a fortiori* lorsqu'on chauffe de 95 à 100°.

Quand on fait bouillir le lait, la caséine est plus divisée, plus ténue, et par cela il se rapproche du lait de femme et peut être facilement digéré; mais les gaz dissous se sont échappés et il faut par le fouettage y introduire de l'air dans le but de les remplacer dans une certaine mesure tout au moins, cependant cet air ne saurait nullement suppléer aux aldéhydes, au bouquet ou stimulant du lait.

Les dérivés phényliques (*sulfate de cresyl*, *indol*, *skatol*, etc.), ont donc disparu et fait place à un léger goût de cuit bien connu, dû à un commencement de caramélisation du sucre de lait, à une déshydratation du lactose. On voit aussi se former sur le lait bouilli une membrane, *la frangipane*, provenant de l'albumine coagulée ou d'une altération de la caséine qui a subi un commencement d'oxydation (Duclaux, de l'Academie des Sciences).

En outre la matière grasse est partiellement séparée, et, si l'état de division de la caséine rend le lait plus digestif, la séparation du beurre compense ce résultat en le rendant plus indigeste.

Mais ce qui nous fera surtout combattre ce système c'est qu'il n'immunise pas le lait comme on l'a cru. S'il est vrai que le bacille de la tuberculose (*bacille rectiligne de Koch*) est tué, une grande partie des spores sont intacts ainsi que de nombreux bacilles ou ferments qui résistent à la température de 100° et ne sont tués que vers 115° ou même à un degré plus élevé.

C'est ainsi qu'on a trouvé dans le lait, des bactéries qui secrètent un ferment semblable à la présure appelé « labferment », amenant la coagulation des albuminoïdes sans rien enlever à l'alcalinité du lait.

Ces bactéries, en nombre incalculable : le *bacillus subtilis*, *fluorescens*, *liquefaciens*, le *vibrion de la caséine de Koch*, sont les ennemis du lait ; ils résistent à une température de plus de 100° et amènent la coagulation même en présence de la soude. Les spores des *bacilles butyrique, amylique, gommeux et blanc*, résistent de même à l'ébullition (Loëffler). Les *algues parasitaires* de la diarrhée infantile résistent également (Comby). Enfin, certains microbes dont on ignore la nature, secrètent, d'après Vaughan, des produits toxiques du genre « *Tyroxicon* » aux dépens des matières azotées du lait, or ces produits cristallisés, que la chaleur ne saurait détruire, donnent parfois des vomissements, de la diarrhée, des troubles gastro-intestinaux, douleurs, faiblesse générale, vertiges, convulsions, etc.

L'ébullition est aussi impuissante à empêcher les malaises et même les maladies provenant de l'empoisonnement du lait par l'alimentation du bétail : le colchique (dont les fleurs sèches et les graines renferment jusqu'à 0 gr. 3 0/0 de colchicine, la jusquiame, le datura stramonium peuvent être mélangés au fourrage, et les déchets des distilleries ou des sucreries donnés aux animaux dans certaines contrées sont parfois de nature toxique et peuvent donner lieu à des accidents graves (Vinay).

En résumé l'ébullition du lait tant recommandée et pratiquée ne donne pas les résultats qu'on en attendait, elle n'assure pas la conservation ni l'immunisation de cet aliment.

Nous lui reprochons en conséquence :

1° *De priver le lait des gaz indispensables à une bonne digestion.*

2° *De le priver également des aldéhydes et principes aromatiques, ce qui a le même inconvénient.*

3° *Le sucre de lait s'est déshydraté, caramélisé en partie.*

4° *La caséine a subi un commencement de modification, d'oxydation ; de plus 1/20ᵐᵉ des matières albuminoïdes sont coagulées.*

5° *La matière grasse est partiellement séparée.*

6° *Une grande partie des microbes ou ferments ne sont pas détruits.*

7° *La chaleur n'a pas d'efficacité contre les produits de nature toxique provenant de l'alimentation du bétail.*

**Le lait bouilli est donc forcément moins assimilable que le lait frais** et peut amener chez les enfants qui en sont nourris : entérite, diarrhée, vomissements, consomption, anémie, etc.

Sa conservation n'est nullement assurée, les éléments fermentescibles y vivant encore dans un milieu excellent pour leur développement.

## 3° PASTEURISATION
### OU CHAUFFAGE DU LAIT AU MOYEN DES APPAREILS SOXHLET, BUDIN, ETC.

Tous ces appareils reposent sur le même principe : le lait est placé dans des flacons de dimensions diverses fermés au moyen d'un système quelconque permettant la sortie des gaz ou vapeurs produits par la chaleur mais s'opposant à la rentrée de l'air lors du refroidissement.

L'obturateur étant placé, on dispose les flacons dans un bain-marie dont on porte l'eau à l'ébullition que l'on maintient pendant 40 ou 45 minutes.

Comme le chauffage est fait à l'abri de l'air, ce procédé a l'avantage d'empêcher toute contamination de cet aliment par l'air jusqu'au moment de son emploi et d'assurer sa conservation pour un temps restreint, 24 heures au maximum.

En réalité, le lait n'est nullement stérilisé; le bacille de la tuberculose (*bacille rectiligne de Koch*) et le ferment lactique (*Vibrio lactis*) sont bien détruits, mais toute la série des microbes, des bactéries, des bacilles, des spores, des algues parasitaires signalés précédemment résistent à ces températures comme lorsqu'on fait bouillir le lait à l'air.

Donc si ce procédé a l'avantage de mettre le lait momentanément à l'abri de la contamination par l'air, il a l'inconvénient de l'altérer comme l'est le lait bouilli ordinaire :

*Disparition des gaz, des aldéhydes.*
*Altération de la caséine et du Lactose.*
*Coagulation d'une partie des matières albuminoïdes.*
*Séparation partielle de la matière grasse, etc., etc.*

En somme comme le lait bouilli, **ce lait pasteurisé est un aliment moins digestible que le lait frais.**

## 4° LAIT STÉRILISÉ

Abordons enfin une des parties les plus importantes de notre étude, celle du lait stérilisé commercial.

On voit des microbes partout et si l'on en croyait les apôtres de la nouvelle Ecole, il n'y aurait plus moyen de boire, manger ou respirer, dans la crainte d'introduire un microbe dans l'organisme! (D$^r$ Degoix). Et cependant la terre tourne, pensait Galilée! Et s'il y a des microbes malfaisants il y en a aussi de bienfaisants! C'est évidemment cette crainte exagérée du « Microbe » qui a fait naître l'industrie du lait stérilisé.

Au début ce lait eut une grande vogue, ses propagateurs ayant bien soin de mettre en avant le nom de Pasteur, Procédé Pasteur, etc. Mais après quelque temps d'expérience ce lait compta de nombreux adversaires parmi ceux-là même qui l'avaient le plus prôné.

Tout d'abord nos expériences faites dans des conditions différentes de température, conservation en cave, dans une pièce habitée, lait transporté de diverses manières etc, ont toutes démontré que le lait stérilisé devient tout à fait impropre à la consommation dans un laps de temps variant de 8 jours à un mois suivant le milieu.

Cependant d'après la théorie, sa conservation devrait être indéfinie puisque, porté à la température de 115 à 120° il devrait être privé de tous les ferments, mais quelles que soient les précautions prises on ne peut empêcher dans la préparation en grand du lait stérilisé le contact de l'air et ce contact, si court soit-il, suffit à le peupler d'une foule de microbes plus ou moins nuisibles.

Les bouteilles de ce lait ouvertes 8 jours après leur préparation pourraient être consommées à *défaut de lait frais*, mais le produit a subi des modifications fort importantes.

Sans nous occuper des modes de bouchage préconisés, nous avons constaté que les bouchons de liège, même parafinés, sont insuffisants et donnent accès à l'air; aussi voit-on, parfois au bout de fort peu de temps, des champignons, des moisissures se développer sur le liège, moisissures servant de corps spongieux pour oxyder et décomposer les principes du lait.

La haute température à laquelle a été soumis ce liquide l'a profondément altéré, elle a d'une part, caramélisé une partie du sucre et par conséquent entraîné un changement parfois considérable de la couleur, de l'odeur et du goût : couleur brunâtre, odeur désagréable, goût de cuit, de caramel.

D'autre part, les vésicules graisseuses ont été brisées de telle sorte que la séparation du beurre est de beaucoup accélérée, et cette séparation est si complète qu'en chauffant le mélange et en l'agitant fortement on ne peut reconstituer un tout homogène.

Lorsque la stérilisation date de plus longtemps, un à deux mois, le lait acquiert une odeur insupportable exaltée encore par le chauffage et un goût de beurre fondu, de graisse rance, âcre à la gorge et nauséeux indiquant bien la décomposition.

Il ressort de tout ceci que ce lait qui, au dire de ses promoteurs, doit se conserver indéfiniment, ne peut servir aux approvisionnements des expéditions lointaines, des navires, des colonies, etc., l'élévation de la température étant des plus favorables au développement des ferments, la décomposition de ce lait sera d'autant plus accélérée qu'il sera transporté dans un climat plus chaud, que sera-ce dans les régions tropicales !

Consommé quelques jours seulement et même immédiatement après sa préparation il est déjà de beaucoup inférieur au lait frais : privé d'une partie des éléments aqueux, il est moins digestible et le beurre mis en liberté en fait un mauvais aliment pour l'enfant.

La matière grasse surnage séparée de son émulsion avec la caséine qui s'est précipitée, formant un magma épais ou floconneux. La densité de la caséine a augmenté notablement, son état de divisibilité et par suite sa digestibilité sont de beaucoup diminués.

Les granulations de la caséine, en effet, d'après M. Duclaux, au lieu d'être comme dans le lait naturel d'une finesse extrême prennent un peu l'aspect de grumeaux presque gélatineux, plus gros, plus cohérents, plus volumineux qu'avant ; ces grumeaux résisteront donc plus ou moins au suc gastrique et séjourneront plus ou moins longtemps dans l'estomac avant de passer par le pylore.

Nous avons recueilli la caséine du lait stérilisé et celle du lait frais ; nos expériences *in vitro* en présence de l'acide chlorhydrique et de la pepsine nous ont démontré que le lait stérilisé est bien moins digestif que le lait frais.

Comme dans le lait bouilli, il y a disparition des gaz dissous, des principes aromatiques, des dérivés phénolés et déshydratation du sucre de lait ou lactose.

On constate aussi facilement la présence des acides dérivés de la série ulmique. Enfin les albuminoïdes (un $20^{me}$ environ) se sont coagulés.

Sans rappeler les accidents graves causés par l'emploi de ces laits (empoisonnement d'enfants), nous devons parler des nombreux cas de diarrhée infantile causée par leur emploi, diarrhée qui a cessé lorsqu'on a remplacé le lait stérilisé par le lait frais.

M. le D$^r$ Toussaint, qui a soigné dans son service plus de 2.000 enfants, a toujours arrêté la diarrhée infantile par l'emploi du lait frais simplement coupé d'eau de Vichy.

D'ailleurs le *modus faciendi* pour le lait stérilisé joue un grand rôle. La méthode habituelle qui consiste à porter le lait à 115 ou 120° dans un autoclave ou marmite de Papin pendant une heure ou une heure et demie, brise les vésicules graisseuses et entraîne la séparation de la matière grasse.

Si, au contraire, on prend la précaution de porter le lait à 120° pendant quelques minutes seulement, puis de le refroidir brusquement, on obtient après avoir répété 4 ou 5 fois cette opération un lait ne possédant que faiblement le goût de cuit, ayant une caséine peu dense et sa matière grasse restant en grande partie émulsionnée.

Nous expliquons ce fait par une dilatation puis une contraction de la vésicule qui contient la matière grasse, dilatation trop rapide pour crever cette vésicule, ainsi qu'il arrive lorsque la température est maintenue plus longtemps.

En outre, ce procédé est aussi bien préférable aux autres au point de vue de la stérilisation, nous le prouvons ainsi :

Les bacilles secrètent des spores et si ces bacilles sont tués par une température de 120°, la plus grande partie des spores ne le sont pas et résistent beaucoup plus longtemps. Ces spores pour se transformer en bacilles exigent une température de 20 à 35°. Si donc après avoir chauffé le lait à 120° on le refroidit, les spores deviennent des bacilles qu'une nouvelle élévation de température détruit. L'opération étant plusieurs fois répétée, la stérilisation est presque complète. Malheureusement ce procédé n'est employé que trop rarement et d'une manière souvent peu raisonnée.

Il en résulte que le lait n'est nullement stérilisé au sens vrai du mot, par les méthodes habituelles. En dehors du *vibrio lactis*, du ferment lactique et des *bacilles pathogènes* qui sont tués à 100°, M. Duclaux, Directeur de l'Institut Pasteur, a trouvé dans le lait le *bacillus subtilis*, le *tyrothrix tenuis, filiformis, scaber*, etc., dont les spores ne sont détruits qu'à une température prolongée et supérieure à 120°. Ces spores ou bacilles n'ont pas de pouvoir pathogène; mais s'ils ne sont pas complètement détruits, le lait ne se conserve pas longtemps, ils amènent la coagulation de la caséine en hydratant le sucre de lait qui se décompose en acide lactique et acide carbonique et plus tard en alcool.

Or 25 gr. d'acide lactique par litre de lait suffisent pour amener la coagulation de la caséine. Dans ce cas la quantité d'acide nécessaire est en raison inverse de la température.

Enfin les partisans de la stérilisation ont prétendu que ce procédé ferait disparaître la fraude. Malheureusement la principale est au contraire encouragée, nous voulons parler de l'écrémage.

En effet, l'abondance de la crème étant une cause d'altération plus rapide, il s'ensuit que l'industriel priverait le lait d'une partie de cette crème pour avoir un produit se conservant plus longtemps.

En résumé le lait stérilisé tel qu'il existe aujourd'hui offre avec exagération tous les inconvénients, toutes les altérations des laits bouillis ou pasteurisés, comme eux et beaucoup plus qu'eux :

*1° Il a perdu une partie des éléments aqueux, les gaz, les dérivés phénolés, les aldéhydes, les principes aromatiques si nécessaires à la digestion.*

*2° La séparation du beurre est plus complète.*

*3° La caséine est contractée et plus dense, elle se précipite.*

*4° Les albuminoïdes (un 20$^{me}$) se sont coagulés.*

*5° Le lactose est fortement déshydraté, ce qui donne au lait un goût de cuit, de caramel.*

*6° Présence des acides dérivés de la série ulmique.*

*7° La stérilisation est incomplète.*

En un mot le *Lait stérilisé* est un mauvais aliment; d'un lait frais et excellent on en fait, par ce procédé, une matière nauséabonde et absolument impropre à la consommation.

## 5° LAIT MATERNISÉ

Depuis peu de temps on emploie pour les nouveaux-nés un produit désigné sous le nom de *Lait maternisé* que l'on obtient par un procédé analogue à celui qui est usité depuis longtemps en Normandie pour la séparation de la crème. Ce procédé consiste à faire tomber du lait additionné d'eau en parties égales dans un cylindre (turbine) auquel on imprime un mouvement giratoire très rapide, de manière à développer une force centrifuge telle qu'elle chasse les parties les plus lourdes à la périphérie et laisse les plus légères au centre, de manière à posséder un lait plus riche en matières grasses et plus faible en caséine se rapprochant le plus possible du lait de la femme. On fait écouler ce lait par un tube grillagé placé dans l'axe de la turbine.

Or, ce prétendu lait, dit *maternisé*, est aussi un aliment incomplet et insuffisant :

1° Il diffère du **Lait frais** par la diminution de moitié des hydrates de carbone dont l'importance, comme nous l'avons démontré plus haut, est plus grande pour l'enfant que celle de la caséine, le nouveau-né perdant plus par la décalorification et la respiration que par le mouvement.

2° Les gaz et les aldéhydes ont en partie disparu.

3° L'eau ajoutée a pu le modifier, l'altérer.

4° La stérilisation est nulle.

## 6° LAIT CONSERVÉ SOUS PRESSION
### PAR L'ACIDE CARBONIQUE

Un procédé qui ne modifie en rien le lait nous semblerait devoir donner des résultats plus satisfaisants. Ce serait, à notre avis, après la traite d'introduire immédiatement le lait dans des récipients ou syphons sous pression d'acide carbonique par un système analogue à celui qui est mis en pratique pour la fabrication de l'eau de seltz. Les récipients (*syphons*) ainsi chargés et à l'abri de l'air seraient amenés chez les détaillants qui les livreraient à leur clientèle; toute fraude serait alors rendue impossible aux intermédiaires et les consommateurs pourraient tirer eux-mêmes leur lait au fur et à mesure de leurs besoins.

Un léger chauffage avant la consommation suffirait pour expulser les gaz en excès, en tout cas l'excès de gaz n'aurait que l'avantage d'exciter davantage la muqueuse gastrique de l'enfant en cas d'atonie des voies digestives.

L'acide carbonique aurait pour but d'empêcher le développement des germes, du *vibrio lactis*, les fermentations lactique et butyrique, de même qu'il empêche pour la bière la fermentation acétique.

Mais il n'a aucune influence heureuse sur le bacille de la tuberculose, les algues parasitaires, etc., et une surveillance rigoureuse devrait être établie sur la provenance des laits soumis à ce système de conservation. Cette méthode aurait au moins l'avantage en rendant la caséine plus divisée de fournir un lait beaucoup plus facile à digérer.

Ce que nous disons de cette conservation du lait par l'acide carbonique au point de vue de la non production des acides de la série grasse ne doit évidemment s'entendre que pour une conservation relative, c'est-à-dire pour la conservation du lait frais, en assurant la limite d'emploi pour une période d'une huitaine de jours après la traite. D'après les expériences du D$^r$ Peyraud et de M. Gautrelet, cette conservation ne serait pas absolue : une bouteille de lait sursaturée d'acide carbonique présentait tous les phénomènes de la fermentation lactique après deux années de conservation; cette bouteille était alors très analogue à du koumys, la caséine y étant passée en grande partie à l'état de peptone et le sucre de lait s'étant transformé en alcool pour une grande partie.

Après avoir étudié ainsi tous les moyens préconisés pour la conservation du lait, nous devons reconnaître qu'*aucun d'eux ne donne un produit parfait, le lait bouilli, pasteurisé, stérilisé ou maternisé est toujours plus ou moins modifié, altéré et bien inférieur au lait frais pour l'alimentation.*

Nous disons donc que le **Lait frais** est le seul qui doive être consommé, bien entendu il s'agit de celui qui est obtenu dans les meilleures conditions de propreté et d'hygiène

# 7° LAIT DES NOURRISSEURS DE PARIS

Or, à ce sujet on a beaucoup combattu le lait des étables parisiennes.

Que n'a-t-on pas dit sur le compte des nourrisseurs? que leurs vaches, par suite de la stabulation, deviennent promptement phtisiques et par conséquent transmettent la terrible maladie; on a dit que leur lait est moins nourrissant que celui des vaches de la campagne et qu'il est infecté par toutes les émanations de la Capitale !

Nous voulons combattre ces erreurs.

Il suffit, comme nous l'avons fait, de visiter les étables parisiennes pour se convaincre du contraire. Nulle part les principes de l'hygiène les plus rigoureux ne sont appliqués avec autant de soin et d'intelligence. Sol toujours propre, lavé avec les meilleurs désinfectants, sulfate de fer, de cuivre, de zinc, bichlorure de mercure, etc., murs souvent raclés et badigeonnés à la chaux vive qui, comme le feu, purifie tout, bonne aération, nourriture saine et abondante, vaches tenues d'une propreté exemplaire, enfin toutes les mesures sont prises et bien prises pour combattre l'ennemi : *le microbe !*

Quant à la *tuberculose*, elle n'existe pour ainsi dire pas à Paris; il a été démontré en effet par de nombreuses statistiques que la proportion des vaches phtisiques est bien moindre à Paris où l'on compte seulement 3 pour 1000 de vaches tuberculeuses, qu'en province où l'on en compte 12 pour 1000. (*Rapport de M. Alexandre, Chef du Service sanitaire de la Seine.*)

La stabulation ne porte aucun préjudice à leur santé et les nourrisseurs d'ailleurs conservent à peine un an leurs vaches, celles-ci n'ont donc pas le temps d'être atteintes de la tuberculose, ils ont toujours le soin de se débarrasser immédiatement d'un animal qui devient malade et qui dépérit.

Le lait de province, au contraire, est souvent produit, à part de rares exceptions, en de fort mauvaises conditions, nous avons pu nous en rendre compte en visitant nombre de fermes - étables.

mal tenues, voisinage de bêtes bien portantes avec d'autres malades ; souvent les gens qui sont chargés de la traite n'ont pas le soin de laver le pis avant chaque opération, pis souvent infecté de nombreux micro-organismes provenant de la litière, des bacilles du foin, de la paille; des infusoires contenus dans l'air, des matières fécales, des mains plus ou moins propres, etc., etc. Ce lait, lui-même, peut être recueilli dans des récipients mal entretenus, mal lavés, qui contribuent à son altération.

Enfin avant d'arriver au consommateur ce lait de province passe par trois mains :

1° Producteur ou fermier.
2° Marchand en gros.
3° Crémier.

A notre époque il arrive fréquemment écrémé, et même plusieurs fois baptisé, tandis que la surveillance exercée empêche les falsifications par la farine, l'amidon, la fécule, la dextrine, la gélatine, la cassonade, la colle de poisson etc., etc., que l'on signalait fréquemment autrefois. Pour sa conservation il est souvent additionné de bicarbonate de soude dont nous avons signalé précédemment les graves inconvénients.

Le transport lui aussi, par le ballottement, la trépidation, lui enlève une grande partie des gaz dissous et accélère notablement la séparation de la matière grasse.

Enfin, au point de vue des éléments nutritifs, les analyses de M. Gautrelet (*travaux couronnés par l'Académie de Médecine*), ont démontré que *les vaches en stabulation, à la campagne comme à Paris, donnent un lait contenant un peu moins de gaz dissous et de beurre, mais bien plus de caséine, de sucre de lait et de sels que la moyenne générale et que les vaches en paturage* (1).

Le tableau ci-dessous permet de se rendre compte de ces différences :

---

(1) Nous avons répété ces expériences sur les laits de province et de Paris ; nos analyses ont donné un résultat identique.

| ÉLÉMENTS EXAMINÉS | | VACHE EN STABULATION | VACHE EN PATURAGE |
|---|---|---|---|
| Recherches générales | Réaction chimique..... | Très acide | Alcaline |
| | — densité à + 15° C. | 10.30.1 | 10.30 |
| | — gaz dissous .... | 88cc | 357cc |
| Hydrates de carbone. Sucre de lait... | | 62 gr. 20 | 58. |
| Matières grasses. Beurre......... | | 40.87 | 42.07 |
| Matières azotées. Caséine et albumine... | | 44.11 | 35.14 |
| Cendres... | Chlorure de sodium .... | 3.13 | 2.95 |
| | Autres sels........ | 7.44 | 6.60 |
| Totalisation. Extrait sec......... | | 157.75 | 144.76 |
| Etat de la caséine............ | | Dense | Dense |

On peut encore remarquer que le lait des vaches en stabulation est très acide, il est plus riche en acides (série grasse).

Les enfants dont l'estomac pèche par une insuffisance d'acides se trouveront bien de ce lait, préférable pour la destruction des bactéries.

**Le Lait des Nourrisseurs de Paris est donc des plus sains, des plus hygiéniques et des plus nutritifs.**

NOTA. — Voici encore ce qui confirme nos dires :

Dans la dernière séance du Conseil d'hygiène et de salubrité de la Seine, M. Nocard, professeur de l'école d'Alfort et M. Léon Collin, ont affirmé la parfaite salubrité des Vacheries parisiennes et, d'accord avec les vétérinaires des abattoirs, ils ont reconnu que la tuberculose y était absolument exceptionnelle ; les Nourrisseurs de Paris, en effet, achètent les vaches fraîches-vêlées, en pleine lactation, et, lorsque la quantité de lait obtenu ne couvre plus le prix de la ration, ils les vendent au boucher, de sorte qu'ils ne les gardent guère plus d'une année : pendant ce laps de temps les vaches, même celles qui possèdent des germes de tuberculose, ne peuvent devenir phtisiques ou contaminer leurs voisines.

Paris est ainsi de toute la France, grâce aux progrès réalisés, l'endroit qui renferme le moins de vaches tuberculeuses, et M. Nocard conseille aux vacheries de province d'imiter son exemple.

# CONCLUSIONS

Pour terminer cette Étude générale sur le Lait, considérée tant au point de vue philosophique (*marchant de déductions en déductions*) qu'au point de vue scientifique, *cette étude étant basée sur les données acquises et sur toutes nos recherches et expériences*, nous dirons comme conclusions :

1° *Aucun mode de conservation du lait n'étant parfait*, à part le lait carbonique qui n'est pas encore entré dans la pratique de l'industrie laitière, **nous estimons que SEUL LE LAIT FRAIS doit être donné aux enfants**, bien entendu aussi près possible de la traite, traites qui peuvent être effectuées trois fois par jour.

2° Le parallèle que nous avons fait entre le lait de la province et celui des nourrisseurs de Paris prouve incontestablement la supériorité réelle de ce dernier, aussi paradoxal que cela semblera à ceux qui n'auront pas suivi très attentivement notre démonstration (1).

Avec la plus entière impartialité, la plus grande indépendance, nous profitons de l'occasion pour prendre la défense des producteurs parisiens si fortement et si faussement attaqués, et, c'est aux noms mêmes de la Science et de l'Hygiène que nous voulons proclamer que leur lait réunit au plus haut degré toutes les qualités requises pour la bonne alimentation des enfants et des adultes.

**L. LINGRAND,**
DIRECTEUR-PROPRIÉTAIRE DE LA PHARMACIE CONTINENTALE,
A PARIS.

(1) Il s'agit évidemment de tout lait consommé sur place, dans la Capitale même, mais loin de nous la pensée de dire qu'il n'y ait pas d'excellents laits en province et qu'il ne soit pas préférable, à une foule de points de vue, d'élever ses enfants à la campagne.

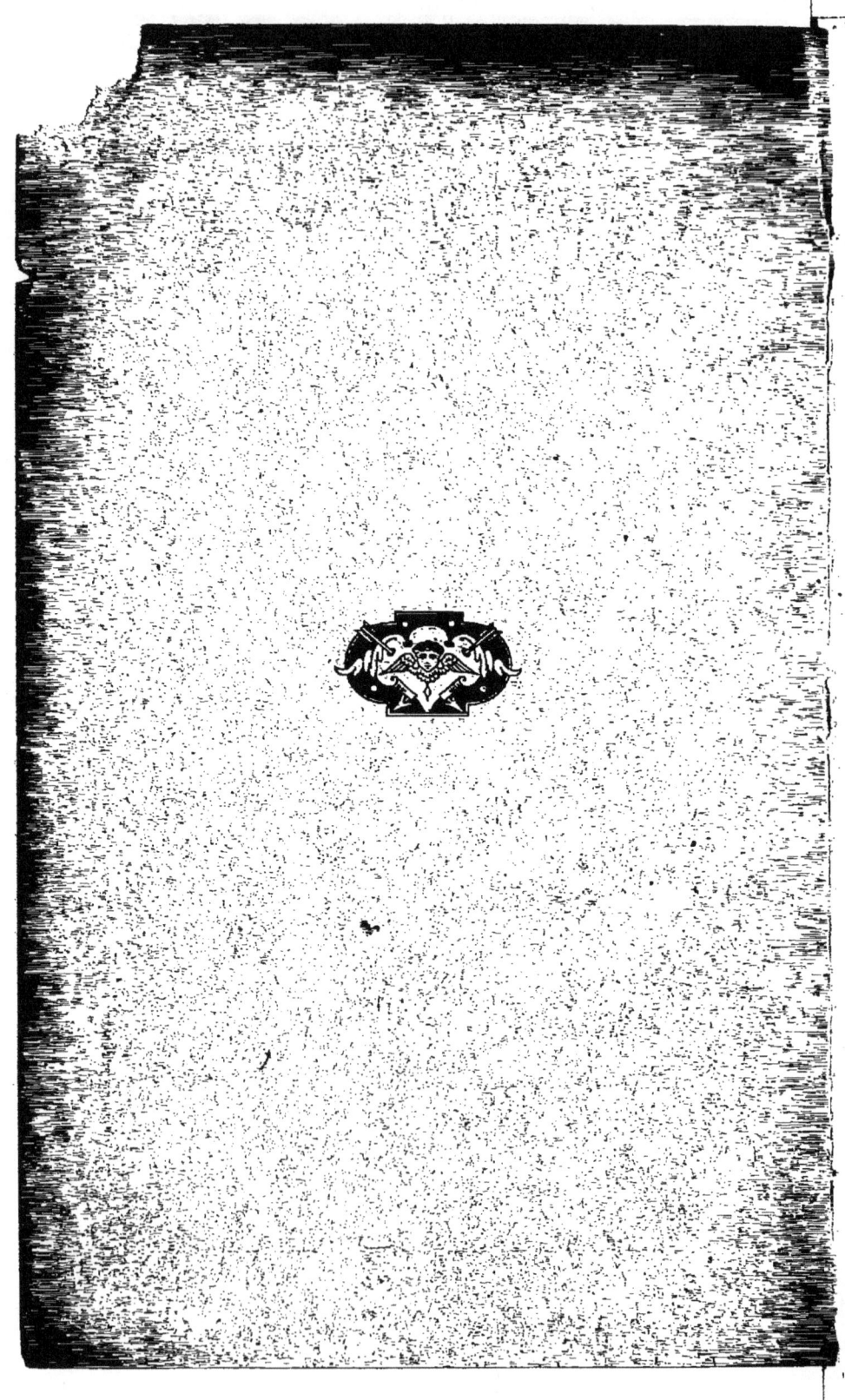

www.ingramcontent.com/pod-product-compliance
Lightning Source LLC
Chambersburg PA
CBHW060903050426
42453CB00010B/1563